이광연 글

성균관대학교에서는 박사를, 미국 와이오밍 주립대학교에서는 박사후과정을 마친 뒤
아이오와대학교에서 방문교수를 지냈어요. 지금은 한서대학교 수학과 교수로 있으며,
중·고등학교 수학 교과서 집필에 참여했지요. 역사, 신화, 영화 등 다양한 분야에서 수학 원리를
끌어내는 글과 강연을 통해 수학이 우리 생활과 밀접하게 맞닿아 있음을 알려 왔어요.
지은 책으로는 《미술관에 간 수학자》, 《웃기는 수학이지 뭐야!》, 《밥상에 오른 수학》,
《신화 속 수학 이야기》, 《수학자들의 전쟁》, 《멋진 세상을 만든 수학》, 《이광연의 수학 블로그》,
《비하인드 수학파일》, 《이광연의 오늘의 수학》, 《시네마 수학》, 《수학, 인문으로 수를 읽다》,
《수학, 세계사를 만나다》 등이 있어요.

최향숙 글

고등학교 때까지는 수학을 엄청나게 싫어했어요. 하지만 대학에 와서, 수학책을 펴 들었어요.
논리적이고 체계적인 사고를 하고 싶은데, 수학 공부가 도움이 될 거라고 생각했거든요.
그때부터 심심할 때 수학 문제를 풀었고, 그러면서 수학이 좋아졌어요. 이 경험을 어린이들과
나누고 싶어서 수학을 접목한 동화도 기획하고 《눈높이 수학 학습 동화》와 같은 책을 썼어요.
《황당하지만 수학입니다》에도 참여하게 되었지요. 수학 분야 외에 기획하고 쓴 책으로는
《엉뚱하지만 과학입니다》, 《넥스트 레벨》 등의 시리즈와 《우글와글 미생물을 찾아봐》,
《탄소제로 특공대 지구 똥구멍을 막아라》와 같은 단행본이 있어요.

김성연 그림

상상하기 좋아하던 아이는 어른이 되어 그림을 그리며 살고 있어요.
주변에 있는 사소하고 마음 가는 것들을 오래오래 그리고 싶답니다.
《황당하지만 수학입니다》 속 황당하면서도 재미있는 수학 이야기를 들여다보며,
그리는 내내 여러분은 어떤 생각을 할지 상상하며 즐거웠어요.
그린 책으로는 《엉뚱하지만 과학입니다 1. 개가 똥을 누는 방향은?》,
《왜? 하고 물으면 과학이 답해요: 생명과학》, 《땡땡땡 꼬마 공룡 학교》 등이 있어요.

와이즈만 영재교육연구소 감수

창의 영재수학과 창의 영재과학 교재 및 프로그램을 개발했습니다.
구성주의 이론에 입각한 교수학습 이론과 창의성 이론 및 선진교육 이론 연구 등에도
전념하고 있습니다. 국내 최고의 사설 영재교육 기관인 와이즈만 영재교육에
교육 콘텐츠를 제공하고 교사 교육을 담당하고 있습니다.

황당하지만 수학입니다

6 이 세상은 어쩌면 네모?

와이즈만 BOOKs

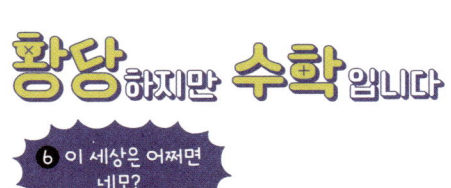

1판 1쇄 인쇄 2024년 7월 10일 | 1판 1쇄 발행 2024년 7월 30일

글 이광연 최향숙 | 그림 김성연 | 감수 와이즈만 영재교육연구소
발행처 와이즈만 BOOKs | 발행인 염만숙 | 출판사업본부장 김현정 | 편집 원선희 양다운 이지웅
기획·진행 CASA LIBRO | 디자인 포맷 SALT&PEPPER Communications
디자인 퍼플페이퍼 | 마케팅 강윤현 백미영 장하라

출판등록 1998년 7월 23일 제1998-000170 | 제조국 대한민국
주소 서울특별시 서초구 남부순환로 2219 나노빌딩 5층
전화 마케팅 02-2033-8987 | 편집 02-2033-8928 | 팩스 02-3474-1411
전자우편 books@askwhy.co.kr | 홈페이지 mindalive.co.kr | 사용 연령 8세 이상
ISBN 979-11-92936-44-4 74310 979-11-90744-79-9(세트)

©2024, 이광연 최향숙 김성연 CASA LIBRO
이 책의 저작권은 이광연, 최향숙, 김성연, CASA LIBRO에게 있습니다.
저자와 출판사의 허락 없이 내용의 일부를 인용하거나 발췌하는 것을 금합니다.

잘못된 책은 구입처에서 바꿔 드립니다.

와이즈만 BOOKs는 (주)창의와탐구의 출판 브랜드입니다.
KC마크는 이 제품이 공통안전기준에 적합하였음을 의미합니다.

황당하지만 수학입니다

6 이 세상은 어쩌면 네모?

이광연·최향숙 글 | 김성연 그림
와이즈만 영재교육연구소 감수

수학 좋아하니?

'수학' 하면 벌써 머릿속이 하얗게 되고 진땀부터 난다고?
그런데 잠깐 생각해 보자. 여러분이 좋아하는 게임을 할 때
무턱대고 한다고 좋은 점수를 얻기 힘들잖아.
나름의 전략과 전술이 필요한데
그건 여러분을 진땀 나게 하는 수학과 관련이 깊어.
우리는 수학에 둘러싸여 살아가지만 정작 이것들이 수학인지
알지 못할 뿐이지.

여러분 머릿속에 떠오르는 많은 생각과 궁금증에 대한 답이
모두 수학이 기본이라면 믿어져?
'설마 이것도 수학이야?'라는 생각이 들 정도로
수학은 우리 주변에서 우리와 함께 살고 있어.
우리가 수학에 조금만 더 다가가고 이해한다면
세상을 바라보는 시야를 넓힐 수 있어.

게임과 스포츠 속 수학을 알아볼까?

그래서 이 책에서는 수학을 이용하면 쉽게 이해되는 여러 가지를 살펴보려고 해. 《황당하지만 수학입니다》 1~5권은 이그노벨상 수상자들의 연구를 수와 연산, 패턴, 규칙성과 함수, 통계, 도형과 측정 다섯 분야로 나누어 알아봤지. 지금부터는 우리 주변의 흥미로운 주제를 중심으로 황당하지만 재미있고 쉬운 수학 이야기를 풀어 보려고 해.

초등학생들이 가장 흥미로워하는 다섯 가지 주제를 뽑았지. 그 첫 번째는 바로 '게임과 스포츠'야. 여러분이 좋아하는 게임에서 이기거나 좋은 점수를 얻으려면 어떤 전략이 필요할까? 축구나 야구 등 여러 가지 경기 결과는 어떻게 정리된 것일까? 또 경기장은 어떻게 설계된 것일까? 어쩌면 여러분을 꼭 닮은 친구 '나'와 언제 어디서든 수학하는 '파이쌤'과 함께, 황당하지만 재미있고 쉬운 수학의 세계로 들어가 보자고.

차례

1 돌리고 바꾸고 헷갈려! ·················· 9
　수학으로 게임을 만든다고? ············ 13

2 왜 맨날
　나만 걸려? ····························· 17
　사다리와 일대일대응 ··················· 21

3 이 세상은
　어쩌면 네모? ·························· 25
　사각형인 데는 다 이유가 있어! ········ 29

4 내가 집을
　지었어요! ······························ 33
　내 집 넓이가 궁금해! ··················· 37

5 다트 실력을
　보여 주지! ····························· 41
　명중이 어려운 이유 ··················· 45

6 인라인을 타다가 ·································· 49
　　타원을 제대로 알려 주마! ························· 53

7 내가 더 빨라! ···································· 57
　　속력은 어떻게 나타낼까? ························· 61

8 눈 빨간 오징어 ·································· 65
　　월드컵은 모두 몇 경기를 할까? ···················· 69

9 야구가 수학이라고? ······························ 73
　　모으면 힘이 되는 데이터 ·························· 77

10 도대체 삼세판이 뭐야? ··························· 81
　　삼세판은 수학이야! ······························ 85

　　교과 연계가 궁금해요
　　용어가 궁금해요
　　이것도 수학이에요

주인공이 궁금해요

파 이 쌤

먹는 파이도 아니고 와이파이도 아닌
무한소수 원주율 파이(π)처럼
무한한 호기심을 가진 수학 덕후.
수학이 있는 곳이라면 어디든 언제라도
떠날 수 있도록 늘 작은 캐리어를
끌고 다닌다.

나

누가 봐도 우리 동네
최고의 참견쟁이.
호기심 가득, 실행력은 으뜸!
솔직히 수학은 잘 못한다.

1
돌리고 바꾸고 헷갈려!

파이쌤은 게임을 안 좋아하시지…….
라고 생각했는데,
오늘 보니 쌤이 게임을 하고 계시는 거야!

쌤은 내 나이 때부터 테트리스를 하셨대.
"30년 전에도 이 게임이 있었어요?"
쌤은 게임 화면에서 눈도 떼지 않은 채 말씀하셨어.
"30년이 뭐니? 40년이 된 게임이야.
옛날 *소련이라고, 미국하고 경쟁하는 큰 나라가 있었어.
테트리스는 소련이 만들었다는 소문까지 있었지.
미국 사람들을 게임에 푹 빠뜨려서
소련이 미국을 앞설 속셈으로 말이야."

*책 마지막 장에서 더 자세한 정보를 확인해 보세요.

도대체 얼마나 재밌길래 그런 소문까지 돌았을까?
하는 생각에 나도 테트리스를 해 봤어.
게임 방법은 간단해.
정사각형 네 개로 이뤄진 도형을 회전시켜서
가로줄이나 세로줄을 다 채우면 그 줄이 없어지고,
그렇지 못해서 도형이 화면 위쪽에 닿으면 게임이 끝나.
그런데 자꾸 헷갈리는 거야.
"아, 이걸 회전해도 안 맞네!"

"룰은 간단한데 정작 해 보면 쉽지 않아야
좋은 게임이래. 그래야 누구나 쉽게 시작해서
재미를 붙일 수 있을 테니까."
쌤은 이렇게 말하며 게임을 마치고는
종이와 연필을 가지고 오셨어.
"그리고 **수학**은 좋은 **게임**을 만드는 데
아주 좋은 소재가 돼. 테트리스도 마찬가지야!"

파이쌤이 알려 주마
수학으로 게임을 만든다고?

그리스 수학자들은 정사각형의 변을 요리조리 이어 붙여 여러 모양의 도형을 만들었어.
정사각형 하나로 이루어진 도형을 모노(1)미노,
두 개는 도(2)미노, 세 개는 트로(3)미노,
네 개는 테트로(4)미노, 다섯 개는 펜토(5)미노라고 하지.

모노미노와 도미노는
그 모양이 한 가지씩뿐이지만,

**트로미노부터는
여러 가지
모양이 나와!**

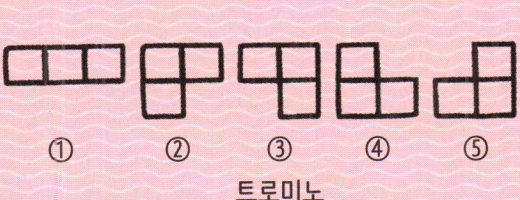

트로미노

그런데 트로미노의 다른 모양은 실제로는 ①과 ②뿐이야.
③은 ②를, ⑤는 ③을, ④는 ⑤를 그리고 ②는 ④를 시계 방향으로 회전하면 얻을 수 있으니까.

다른 방법도 있어.
②와 ③을 아래로 뒤집으면, ④와 ⑤를 얻을 수 있고
②와 ④를 오른쪽으로 뒤집으면, ③과 ⑤를 얻을 수 있지.

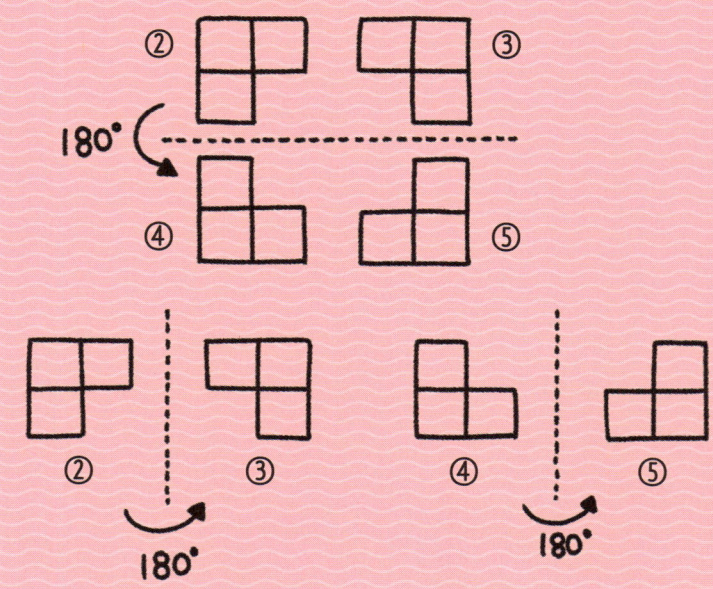

5가지의 서로 다른 모양을 갖는 테트로미노

이와 같이 회전하고 뒤집으면, 테트로미노는 5개의 서로 다른 모양이 나와.

펜토미노는 아래와 같이 알파벳을 닮은 12가지 모양이 나오고.

12가지의 서로 다른 모양을 갖는 펜토미노

테트로미노 5개의 도양을 1조각씩만 사용해서는 직사각형을 만들 수 없지만, 2조각씩 사용하면 5×8과 4×10짜리 직사각형을 만들 수 있지. 이 점을 기억하면 테트리스를 조금 더 잘할 수 있어.

5×8   4×10

테트리스를 잘하려면
테트로미노 조각을 회전했을 때 어떤 모양이
되는지 재빨리 파악할 수 있어야 해.
한마디로 테트리스는 *공간 지각 능력이 필요한
매우 수학적인 도형 게임이야.
테트리스 외에도 이런 게임들은 많아.
이런 게임을 하면 공간 지각 능력이 좋아질 거야.

이것도 테트리스와 비슷한 게임이죠? 그러니 얼른 해요! 공간 지각 능력을 키우게요!

게임하며 놀고 싶은 건 아니고?

2
왜 맨날 나만 걸려?

우리 가족은 가끔 사다리 타기를 해.

그런데 정말 이상해.
사다리 타기를 하기만 하면 나만 걸리는 거야.
형은 한 번도 안 걸리고!
'이건 분명 형의 음모야!'
그도 그럴 것이 사다리를 항상 형이 그렸거든.
그래서 주말 설거지 당번을 뽑는 사다리를 그릴 때,
나는 종이와 연필을 낚아챘어.

나는 종이 위 맨 왼쪽부터 1, 2, 3, 4 번호를 쓰고
세로줄을 그은 다음 3번 줄 끝에 '당첨'을 썼어.
"네가 그린다고 내가 걸릴 줄 알아?"
약 올리는 형의 말에 아랑곳하지 않고
나는 세로줄 사이사이에 가로줄을 그렸어.
그런 뒤 번호를 선택했지.
형은 1번, 아빠는 2번, 나는 3번, 엄마는 4번!

"어떻게 맨날 저만 걸릴 수 있죠?"
파이쌤을 찾아가 불평하다 문득 이런 생각이 드는 거야.
"아, 혹시 사다리 타기는 제일 먼저 탄 사람이 당첨되나요?"
항상 내가 제일 먼저 사다리를 탔거든.
그러자 쌤이 고개를 저으셨어.
"아니, **사다리 타기는 정확히 일대일대응**이라서
먼저 타나 나중에 타나 결과가 바뀌지는 않아."
"일대일대응이요?"

사다리와 일대일대응

수 세기를 배울 때, 손가락을 하나 접으며 '1',
두 개 접으며 '2', 세 개 접으면 '3' 하며
손가락에 수를 하나씩 대응시키잖아.
학교 신발장에는 자기 이름이 붙은 칸에 자기 신발을 넣고,
교실로 들어가서는 자기 책상에 앉고.
이처럼 하나에 남는 것도, 모자라는 것도,
겹치는 것도 없이 반드시 하나만 대응하는 것을
'**일대일대응**'이라고 해.

사다리 타기는 일대일대응을 이용한 대표적인 놀이야.
서로 이웃한 두 세로선 사이의 가로선은 양옆의 어떤 가로선과도 같은 높이를 갖지 않게 그려야 해.
아래처럼 말이야.

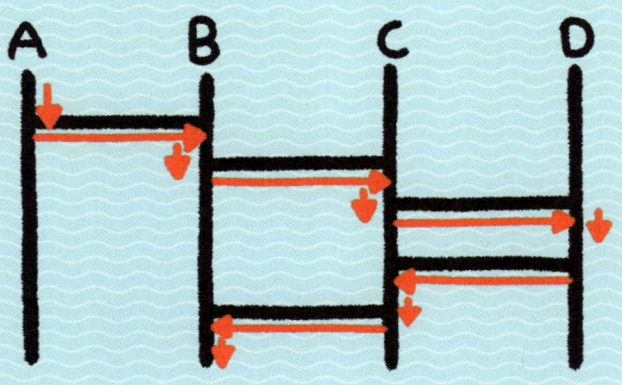

서로 이웃한 두 세로선 사이의 어떤 가로선도 양옆의 가로선과 높이가 달라. 그래야 선을 타고 가면 한 곳으로만 가서 일대일대응이 될 수 있어.

오른쪽과 같이 서로 이웃하지 않은 두 가로선은 높이가 같아도 돼.

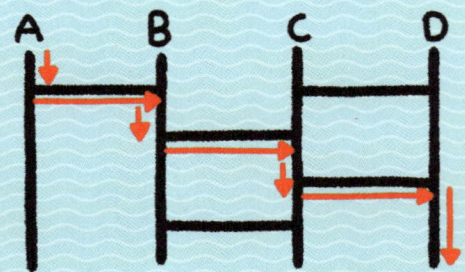

만약 인접한 세로선 사이에
높이가 같은 가로선이 있으면 어떻게 될까?
그러면 선을 타고 갈 수 있는 경우가
하나가 아니라 여러 개가 돼.
아래처럼 말이야.

이렇게 그리면 일대일대응이 될 수 없네요!!

사다리 타기를 할 때 주의해야 할 게 있어.
사다리를 타기 전에,
참가자들이 사다리 전체 그림을 볼 수 없게 해야 해.
사다리 전체 그림을 볼 수 있으면 결과도 알 수 있으니까!

3
이 세상은
어쩌면 네모?

날씨가 좋아서 아주 오랜만에
운동장에서 체육을 했어.
우리는 신나는데 선생님은 좀 귀찮으셨을 거야.
오늘의 종목은 피구라서 선을 그려야 했거든.

바깥 선을 다 그린 선생님은
중앙선을 그리려고 하셨어.
한쪽 끝에서 다른 쪽 끝까지 선생님 걸음으로 12걸음,
그러니까 딱 여섯 걸음을 걷고 중앙선을 그리셨지.

피구를 할 생각에 들뜬 아이들과 달리
나는 다른 생각에 빠져들기 시작했어.
"네모는 반으로 잘라도 네모네!"

순간 갑자기 머릿속에서 네모가 마구 떠올랐어.

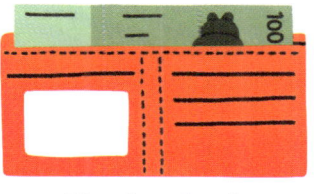

지갑도 네모, 돈도 네모!

네모는 나란히 붙여도 네모야!

화장실도 네모, 타일도 네모!

내 방도 네모, 침대도 네모!

텔레비전도 네모

컴퓨터도 네모!

책상도 네모, 공책도 네모!

수업이 끝나기 무섭게 나는 파이쌤께 달려갔지.
"쌤, 정말 이상해요!
이 세상 대부분이 ==네모나게== 생긴 것 같아요!"

내가 체육 시간에 생각한 걸 말씀드리자
쌤은 깜짝 놀라는 표정을 지으셨어.
"그래? 정말?"
날 놀리던 쌤은 곧 웃으며 말씀하셨어.
"왜 그럴까?"

알 것도 같고,
모를 것도 같고…….

사각형의 특징을 알면
이해가 될 거야!

네모를 수학에서는 '사각형'이라고 불러.

사각형이란 4개의 선분으로 둘러싸인 도형이야.

사각형을 이루는 선분을 변,
변과 변이 만나는 점을 꼭짓점이라고 하지.
사각형은 변도 꼭짓점도 4개야.

사각형에는 여러 종류가 있는데 아래와 같은 관계가 있어.

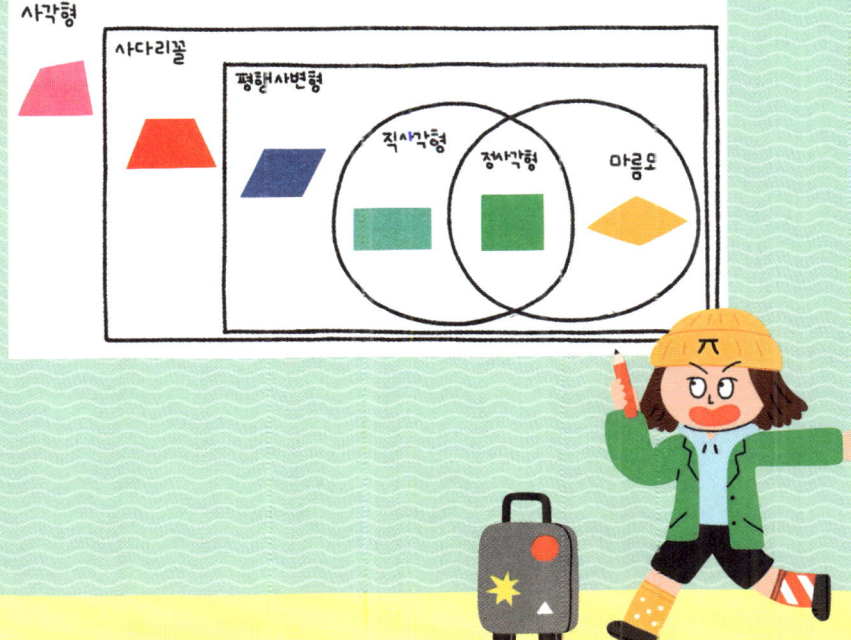

4개의 선분으로 둘러싸인 도형은 모두 사각형이야.

사각형 중 **평행한 변이 한 쌍**이면 다 사다리꼴 이지.

사다리꼴 중 **평행한 변이 두 쌍**이면 다 평행사변형 이지.

평행사변형이면서
네 각의 크기가 같으면
직사각형!

평행사변형이면서
네 변의 길이가 같으면
마름모야.

직사각형이면서 네 변의 길이가 같으면 정사각형!
마름모이면서 모든 각이 90도이면 정사각형!

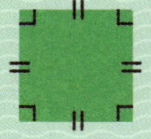

모든 사각형의 네 각의 크기의 합은 360도야.

사각형은 도형 가운데 선분이 적은 편이라
이어 붙여서 공간을 빈틈없이 채우기 쉬워.
게다가 선분이 하나 더 적은 삼각형과 비교했을 때,
둘레에 비해 넓이가 커. 무슨 얘기냐고?

높이가 3, 밑변이 4, 빗변이 5인 삼각형이 보이지?
이 삼각형의 빗변을 붙이면 가로 4, 세로 3인 사각형이 돼.
이 두 도형의 둘레와 넓이를 비교해 볼까?

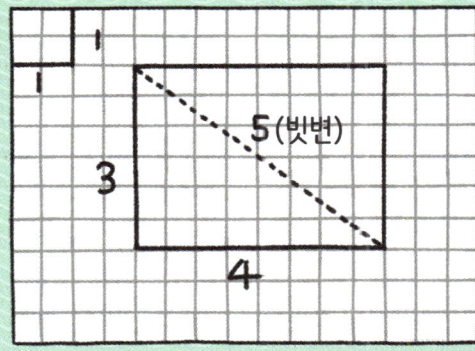

삼각형
둘레: 3+4+5=12,
넓이: $3 \times 4 \times \frac{1}{2} = 6$

사각형
둘레: 3+4+3+4=14
넓이: $3 \times 4 = 12$

둘레는 2가 늘어났는데, 넓이는 2배가 커졌어!
이처럼 사각형은 삼각형보다 둘레 대비 넓이가 커.
그래서 같은 재료로 사각형을 만들면
재료를 적게 쓰면서도
더 큰 공간을 만들 수 있어.

사각형은 이어 붙이기 쉬우면서,
둘레 대비 넓이가 커서 많이 쓰인다는 말씀!

따라서 **둘레에 비해 넓이가 큰 사각형 모양으로 집을 지으면 공간을 더 넓게 쓸 수 있어.**
박스처럼 뭔가를 담을 것도 사각형 모양으로 만들어야 더 많은 것을 담을 수 있고,
종이도 사각형으로 만들어야 절약해서 사용할 수 있겠지?
게다가 사각형은 삼각형보다 안정감을 줘.
삼각형처럼 찌를 것 같지도 않으니까.
뾰족한 꼭짓점이 4개나 있어서 찔리겠다고?
그래서 요즘은 꼭짓점 부분을 둥글게 만든 제품이 많이 나오지!

4
내가 집을 지었어요!

드디어 집을 완성했어.
집이든 성이든 뭐든 건설할 수 있는 인터넷 게임 있잖아.
그 게임 공간에 내 집을 지은 거야!
제일 먼저 엄마께 보여 드리려 했지.

아 참, 우리 집이 아니라 내가 만든 집인데.
"내가 인터넷 속에 지은 집 구경하시라고요!"
우리 집을 본 엄마는 눈이 입보다 커졌어.

엄마께 집안 곳곳을 구경시켜 드리는데 이러시는 거야.
"엄마 방은 어디야?"
아뿔싸! 내 표정을 읽은 엄마의 눈은 실보다 가늘어졌지.
"이 많은 방 중에 내 방이 없다니! 아들 정말 섭섭하다!"

"그래서 집에서 쫓겨났다니까요?"
내 말을 들으신 파이쌤이 배꼽을 잡고 웃으셨어.
"방이 99개나 되는데 엄마 방이 없다니
서운하실 만도 하네."
나는 얼른 게임에 접속했어.
그리고 엄마 방을 만들기 시작했지.
바다가 한눈에 보이도록 창을 내고,
그리고 엄마가 뭘 좋아하시더라……?

쌤이 내 집을 보시더니, 문득 물으셨어.
"와 정말 넓은 땅의 주인이구나!
넓이가 얼마나 되니?"
순간 나는 당황했어.
"인터넷 공간이라 넓게 쓸 생각만 했지
계산해 본 적은……."
"가상이라도 **넓이를 따져 볼 수는 있잖아!**"

도형의 넓이를 구하는 건 정말 어려워 보여.
하지만 도형을 적절하게 잘라 붙여,
직사각형이나 정사각형을 만들 수 있다면
쉽게 구할 수 있어.
직사각형이나 정사각형의 넓이는 (가로)×(세로)니까.
그 이유는 모눈종이를 이용하면 쉽게 알 수 있지.

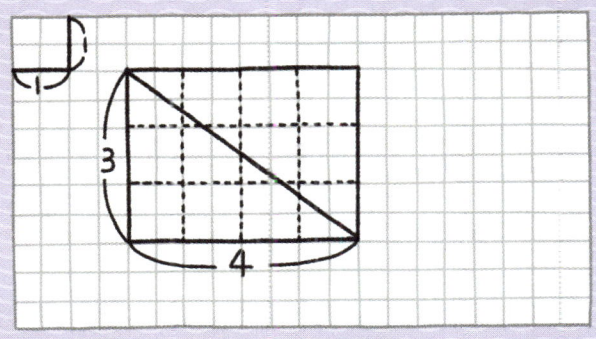

가로의 길이가 4, 세로의 길이가 3인 직사각형에는
정사각형 12개가 있잖아? 따라서 직사각형의 넓이는
12이고, 12는 3×4로 쉽게 구할 수 있어.

자, 그럼 평행사변형의 넓이를 구해 보자.
어떻게 구하냐고?
평행사변형이 직사각형 혹은 정사각형이 되도록
아래와 같이 잘라 붙여 봐!

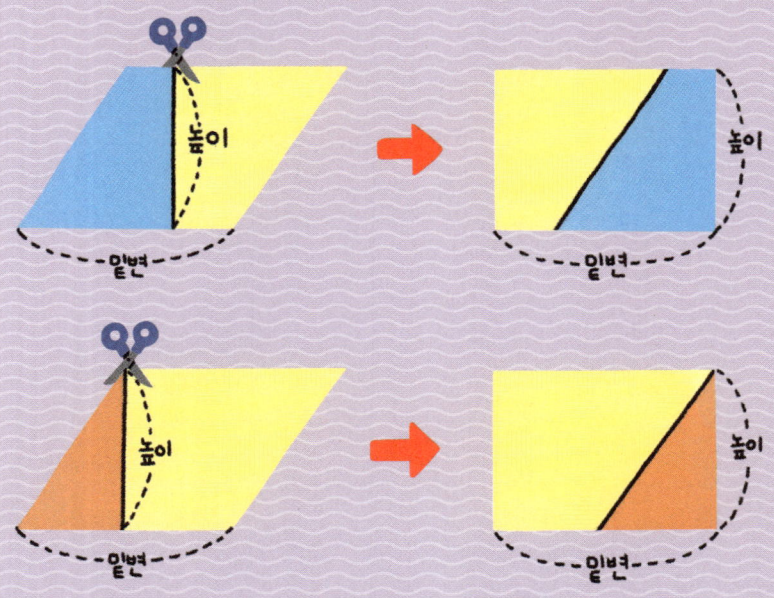

그러면 평행사변형의 밑변은 직사각형의 가로가 되고
높이는 직사각형의 세로가 되지.

(평행사변형의 넓이)
=(밑변)×(높이)야.

사다리꼴의 넓이도 구해 볼까?
합동인 사다리꼴 하나를 더 그린 다음
뒤집어서 옆에 붙여 봐.
그러면 평행사변형이 되지!

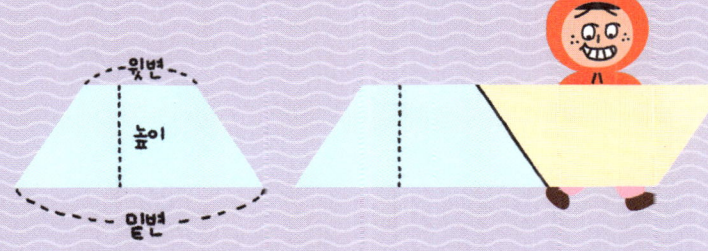

위 평행사변형의 밑변은 사다리꼴의 (밑변+윗변)과 같아.
구하고자 하는 사다리꼴의 넓이는 평행사변형의 넓이의 $\frac{1}{2}$이고.

(사다리꼴의 넓이)
= $\frac{1}{2}$ × (평행사변형의 넓이)
= $\frac{1}{2}$ × (평행사변형의 밑변) × (높이)
= $\frac{1}{2}$ × (사다리꼴의 밑변+윗변) × (높이)

삼각형의 넓이도 평행사변형의 넓이를 이용해서 구할 수 있어. 삼각형의 넓이는 평행사변형의 $\frac{1}{2}$이거든.

(삼각형의 넓이) = $\frac{1}{2}$ × (평행사변형의 넓이)
= $\frac{1}{2}$ × (밑변) × (높이)

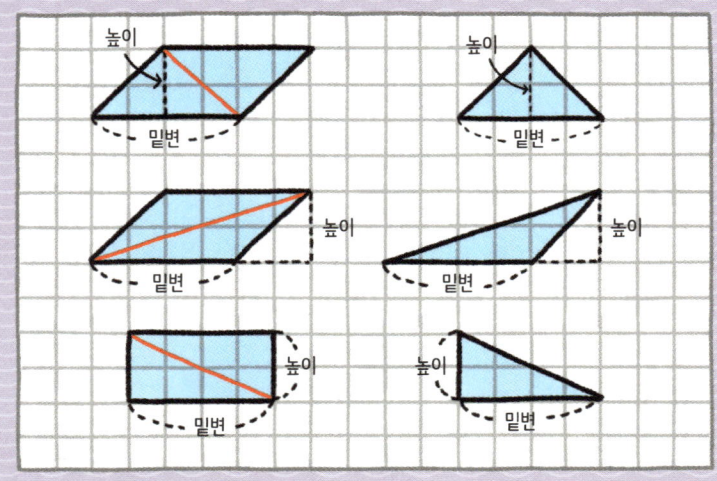

5
다트 실력을 보여 주지!

오늘은 친구들이랑 다트 놀이를 했어.
먼저 다트를 던진 친구들에게
나는 큰소리를 치며 조준했어.
아, 그런데…….

친구들은 당연히 날 비웃었고
나는 쥐구멍이라도 찾고 싶었어.
원망스러운 눈으로 과녁만 바라보고 있었는데,
갑자기 친구들의 관심을 돌릴 좋은 생각이 떠올랐어!

"우리가 낮은 점수만 맞히는 이유를 알려 줄까?"
아영이는 내 말에 혹했고, 우주는 안 믿는 눈치였어.
"그런 이유가 어딨어? 우리 실력이 없어서지······."
하지만 둘 다 혹시나 하는 눈빛으로 내 말을 기다리더라고.
나는 조금 뜸을 들이다, 자신만만하게 말했어.
"넓이가 작을수록 맞히기가 어려워.
그런데 봐 봐! 점수가 높을수록 넓이가 작아지잖아?"

나는 당장 파이쌤을 찾아가
우리가 갖고 놀던 다트의 과녁을 내밀며 물었어.
"쌤, 1점과 2점의 넓이 차이는 얼마나 돼요?"
쌤은 찬찬히 말씀하셨어.
"일단 자가 필요하겠지?"
나는 얼른 자를 가져왔지. 쌤은 나를 바라보며 물으셨어.
"원의 넓이 구하는 방법, 기억해?"

원은 평면 위의 한 점에서
일정한 거리에 있는 점으로 이루어진 곡선이야.

원의 둘레를 원주라고 하는데,
원의 지름과 원주 사이에는 일정한 비율이 있어.
이 비율을 **원주율**이라고 해.
원주율은 π로 나타내는데, π의 값은 약 3.14야.
그래서 원주는 원의 지름 혹은 반지름만 알면 구할 수 있어.

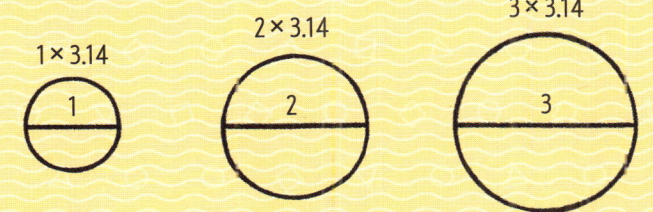

원의 지름 혹은 반지름만 알면, 원의 넓이도 구할 수 있어.
원의 넓이는 아래와 같이 구해.

[원의 넓이] = [반지름의 길이] × [반지름의 길이] × 3.14

이제 과녁의 넓이를 구해서 비교해 보자.
아래와 같이, 반지름이 1과 2인 원이 있다면,
각 원의 크기는 아래와 같이 구할 수 있어.

1×1×3.14 = 1×3.14

2×2×3.14 = 4×3.14

**반지름의 길이가 2배로 커졌는데,
넓이는 4배로 늘어났어.**

따라서 두 원으로 과녁을 만들면,
빨간 부분의 넓이는 하얀 부분보다
3배가 크겠지?

반지름의 길이의 차가 크면, 넓이의 차이는 더 커져.

아래와 같이 반지름이 1과 3인 원을 비교해 보자.

$1 \times 1 \times 3.14 = 1 \times 3.14$

$3 \times 3 \times 3.14 = 9 \times 3.14$

반지름의 길이가 3배로 커졌는데, 넓이는 9배로 늘어났어.

따라서 파란 부분의 넓이는 하얀 부분보다 8배가 커졌고요!

반지름의 길이가 2배로 커지면 넓이는 4배,
3배로 커지면 9배, 4배로 커지면 16배……로 늘어나. 이렇듯

과녁의 중앙으로 갈수록
넓이가 작아지니까
높은 점수를 맞추기
어려운 거야.

양궁이나 사격 선수들이 과녁의 정중앙을 명중시키는 건 엄청나게 연습하고 또 연습한 결과야.
자, 과녁 넓이 탓만 하지 말고 열심히 연습해 보라고!

6
인라인을 타다가

우리 동네에 인라인 경기장이 생겼어.
당연히 친구들과 인라인스케이트를 타러 갔지!

나는 직선 코스를 씽씽 달렸어.
우주가 쏜살처럼 나를 쫓아오네.
하지만 어림없지!
바로 곡선 코스에 접어들었거든.
우주는 방향을 바꿀 필요가 없는
직선 코스에서는 빨리 달리지만
방향을 조금씩 바꿔야 하는 곡선 코스에서는
천천히 달리거든!

신나게 놀던 우리는 잠깐 쉬기로 했어.
시원한 아이스크림을 먹으며
스케이트장을 바라보자니 이런 생각이 들지 뭐야.
"인라인스케이트 경기장은
누가 이렇게 타원으로 만들어서
우주가 나를 이길 수 없게 만들었을까?"
그런데 우주가 이렇게 되묻는 거야.

"재미있게 놀았어?"
마침 지나가던 파이쌤이 아는 척을 하시네.
우주는 이때다 싶은 눈빛으로 쌤께 이르는 거 있지.
"쌤, 얘가 인라인스케이트장이 타원이래요."
"타원?"
갸우뚱하는 쌤을 보며 소침해진 나를
쌤이 북돋우며 말씀하셨어.
"오늘은 **타원에 대해 알아보면** 좋겠구나!"

스포츠 종목 중 육상, 사이클, 스케이트 등은
트랙을 도는 경기야.
규격은 경기에 따라 다르지만 모양이 거의 비슷해.
그런데 이런 **경기장 모양이** 타원일까?
답부터 이야기하면 **타원이 아니야!**

인라인스케이트 경기장

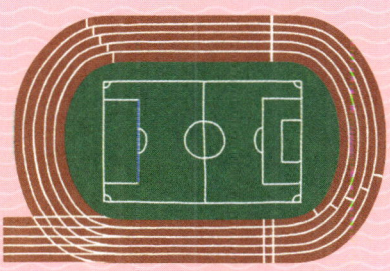

육상 경기장

사이클 경기장

타원은 두 점에서부터의 거리의 합이 일정한 점의 자취로 만들어지는 곡선을 말해.

무슨 말이냐고?

타원을 그리는 방법을 알면 이해하기 쉬울 거야.

바닥에 두 점을 찍고 그 점에 막대를 튼튼하게 박아.
그리고 그 두 막대를 하나의 긴 줄로 연결하고
그 줄의 가운데를 팽팽하게 당기며 선을 그어 봐.

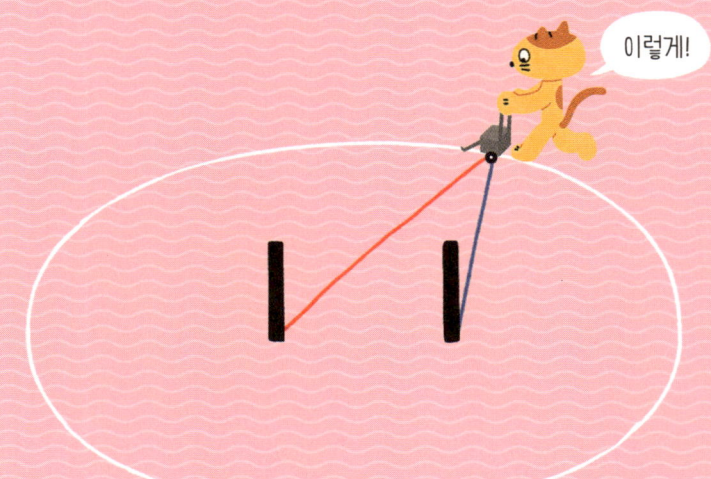

이렇게!

줄의 가운데를 당기며 그렸기 때문에 빨간 부분의 길이와 파란 부분의 길이만 달라질 뿐, 줄의 길이는 변할 리 없겠지? **두 점으로부터의 거리의 합이 일정한 곡선, 타원**이 만들어지는 거야!

그런데 스포츠 트랙은 어때? 아래를 봐!

타원 은 **곡선**으로만 이뤄지지만
트랙 은 **곡선과 직선**으로 이뤄져.

직사각형 양쪽에 반원을 붙인 모양새지.

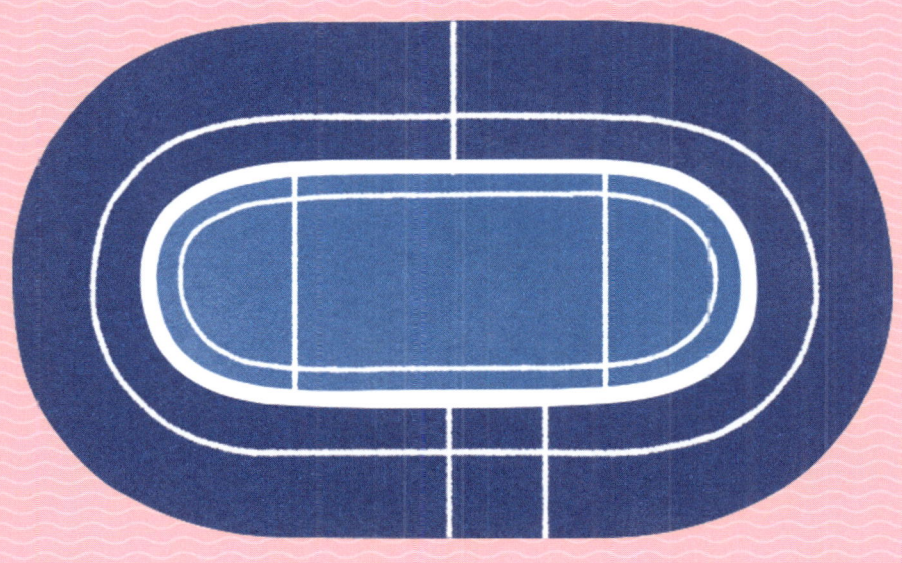

아, 맞다!
트랙은 가운데 부분이
직선이지!

그 선을 달리고도 모르다니!

스포츠 트랙에는 직선 코스와 곡선 코스가 모두 있어.

즉 타원이 아니지!
트랙에서는 100미터 달리기처럼 직선 코스를 달리는 경기와
400미터, 800미터처럼 직선과 곡선 코스를
모두 달리는 경기를 다 해야 하니까!

7
내가 더 빨라!

주말에 친구들과 체험 활동을 갔어.
우리는 엄청난 체험을 했지.
우리가 묵은 리조트에 *동계 올림픽 썰매 종목인
루지 체험장이 있었거든.

돌아온 나는 파이쌤께 달려가 자랑했지.
"쌤, 동계 올림픽 썰매 3종목 아세요?"
쌤이 어깨만 으쓱하시길래 내가 친히 알려 드렸어.
"원통형 썰매를 타는 봅슬레이, 누워서 타는 루지,
엎드려 타는 스켈레톤, 이렇게 3종목이에요!"

"와, 체험하고 오더니
동계 올림픽 종목도 공부했나 보네!"
"선수용처럼 멋있는 루지는 아니었지만
재미있어서 공부하고 싶어졌어요."
이렇게 말한 나는 잘난 척을 한 번 더 하기로 마음먹었어.
"동계 올림픽 썰매 종목의 속도도 알아봤다고요!"
나는 이렇게 말하면서 스마트폰 화면을 내밀었어.

"제가 체험한 루지가 제일 빠르죠?"
내 말에 쌤이 고개를 끄덕이셨어.
"그러네. 시속 130킬로미터나 되는걸!"
순간 내 얼굴이 얼음이 됐어.
"시속이라고요? 그걸 어떻게 아세요?"
쌤이 고개를 갸웃하셨어.
"여기 단위가 있잖아!"
쌤은 화면의 '**단위 km/h**'를 가리키셨어.

km/h, m/s, km/s

오늘은 속력 단위에 대해 알아봐야겠는걸!

네, 궁금해요!

스포츠를 보다 보면 **속력**이란 말이 많이 나와. 루지, 스켈레톤, 봅슬레이와 같은 동계 스포츠는 물론 야구에서는 투수가 던진 공의 속력이 얼마인지 재고, 축구에서는 공격수가 차서 골문으로 들어간 공의 속력을 측정하지.

속력은 단위 시간당 이동 거리로 나타내.
즉 1초, 1분, 1시간 동안 얼마나 이동했는지의 거리로
나타내는 거야.

1초를 기준으로 나타내면 **초속**

1분을 기준으로 나타내면 **분속**

1시간을 기준으로 나타내면 **시속**이라고 하지.

아래 거북이 10초 동안 50센티미터를 기어갔다고 했을 때,
거북의 속력을 초속, 분속, 시속으로 나타내 볼까?

10초에 50센티미터를 갔으니 1초에 5센티미터를 갔고,
이때 거북의 속력은 초속 5센티미터라고 해.
1분(60초)에는 300센티미터(60초×5센티미터)를 갔을 테니
분속 300센티미터!

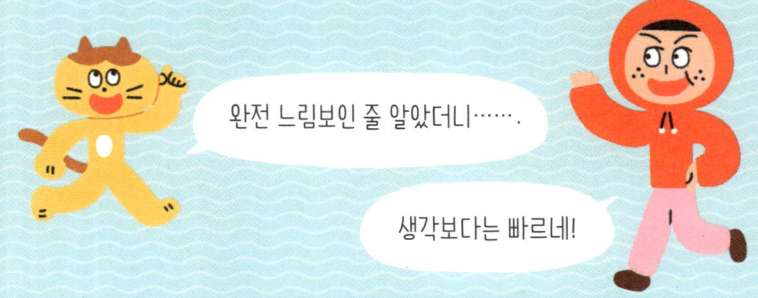

완전 느림보인 줄 알았더니…….

생각보다는 빠르네!

1초에 5센티미터 갔으니,
1시간 동안은 몇 센티미터를 갔을까?
1시간(60분)에는 18,000센티미터(3,600초×5센티미터)를
간 셈이니 시속 18,000센티미터!
거북은 시속 18,000센티미터로 이동했어.
이렇게 숫자가 커지면, 좀 더 간단하게 표시해.
어떻게 하냐고? 센티미터를 미터로 바꾸면 간단해져.
100센티미터는 1미터니까, 18,000센티미터는 180미터!
거북의 속력은 간단하게 시속 180미터라고도 해.

속력은 간단하게 기호로 표시해.

초속 5센티미터 = 5cm/s
분속 300센티미터 = 300cm/m
시속 180미터 = 180m/h

s는 second(초)
m은 minute(분)
h는 hour(시간)의 약자야.
/는 per(~마다)를 뜻하지.
읽을 때는 앞에서부터 순서대로 읽으면 돼.
5cm/s는 5센티미터 퍼 세컨드!

속력은 단순히 움직인 거리만 생각하는 개념이야.
속력에 방향까지 생각한 속도란 개념도 있어.
이를테면 '자동차가 시속 50킬로미터로 달리고 있다.'
라고 했다면 자동차의 속력이 50km/h라고 해야 해.
그런데 '자동차가 시속 50킬로미터로 부산을 향해 달리고 있다.'
라고 하면 자동차의 속도가 50km/h라고 하면 좋아.
어디로 가는지 방향까지 나타내고 있으니까.
하지만 일상생활에서는 속력과 속도를 크게 구분하지 않아.

8
눈 빨간 오징어

아영이와 우주가 요즘 이상해.
어제는 몸에 힘이 하나도 없어 흐물흐물 오징어 같더니,
오늘은 눈까지 빨개서 학고에 왔어.

일주일이 넘게 눈 빨간 오징어 같던 아영이와 우주가
오늘은 쉰 목소리로 소리쳤어.
"드디어 우리나라가 속한 월드컵 H조
예선 경기를 다 봤다!"
'뭐야, 밤마다 월드컵 경기를 보느라 저런 거야?'
내가 기막혀하는데 우주가 소리쳤어.
"우리는 이번 월드컵 축구 경기를 다 볼 거거든!"

월드컵에는 먼저 32개 팀이 4팀씩
8개 조로 나뉘어 예선전을 치른 뒤 본선을 하는데,
그러려면 얘들은 몇 경기를 봐야 하는 거야?

내 머릿속이 복잡하게 돌아가기 시작했어.
'예선전은 한 조 4개 나라가 모두 한 번씩 경기하니까
한 나라는 상대 3팀과 한 번씩 총 3번 경기하겠지?
그럼 예선전만 12경기?'
나는 아영이와 우주를 놀란 눈으로 쳐다봤어.
"너희 12경기를 다 본 거야? 우아, 대단하다!"
그런데 애들은 고개를 절레절레 흔드네.

나는 수업이 끝나기 무섭게 파이쌤께 달려갔어.
"월드컵 예선전에서 한 조는 12경기를 하는 게 맞지요!"
탕후루를 드시던 쌤은 고개를 갸웃하셨어.
"그렇게 많이 하지는 않을 것 같은데?"
"왜요? 4×3이 12가 아니에요?"
나는 자신만만하게 따지듯 물었지.
그러자 쌤은 씩 웃으셨어.
"4×3은 당연히 12지.
그런데 **월드컵 예선전**은 12경기를 치르지 않아."

월드컵은 모두 몇 경기를 할까?

4팀으로 이뤄진 한 조에서 각 팀은 3번씩 겨뤄. 그래서 4팀이니까 단순히 3을 곱해서 모두 12경기를 한다고 생각하기 쉽지.

하지만, **반드시 2로 나눠야 해!**

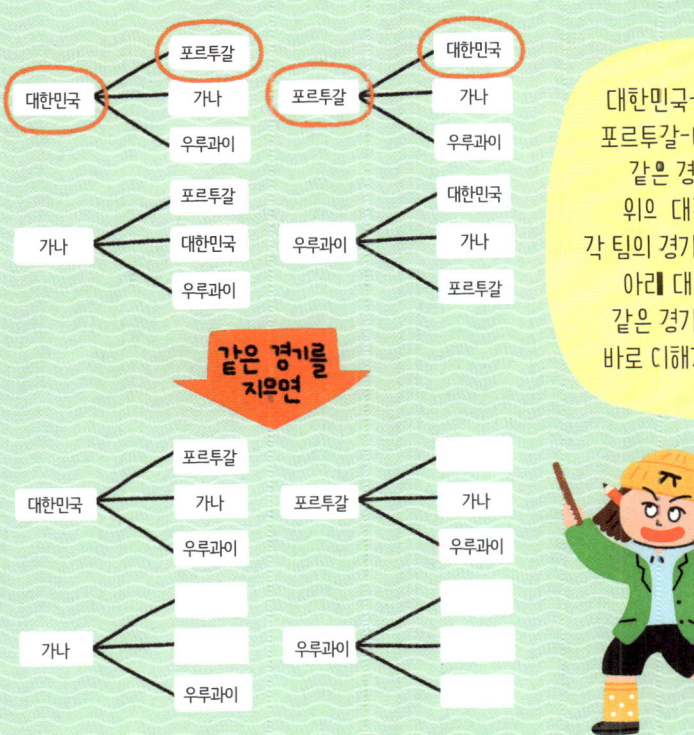

대한민국-포르투갈, 포르투갈-대한민국은 같은 경기잖아! 위의 대진표처럼 각 팀의 경기를 적은 다음 아래 대진표처럼 같은 경기를 지우면 바로 이해가 갈 거야.

도형으로 나타내면 경기 수가 한눈에 보여.
4팀이면 사각형으로 나타낼 수 있는데,
각 꼭짓점을 이은 선분이 경기 수를 보여 줘.
경기 수를 앞에서처럼 $\frac{4\times3}{2}$ 를 해도 알 수 있지만,

선분의 수를 세도 알 수 있는 거야.

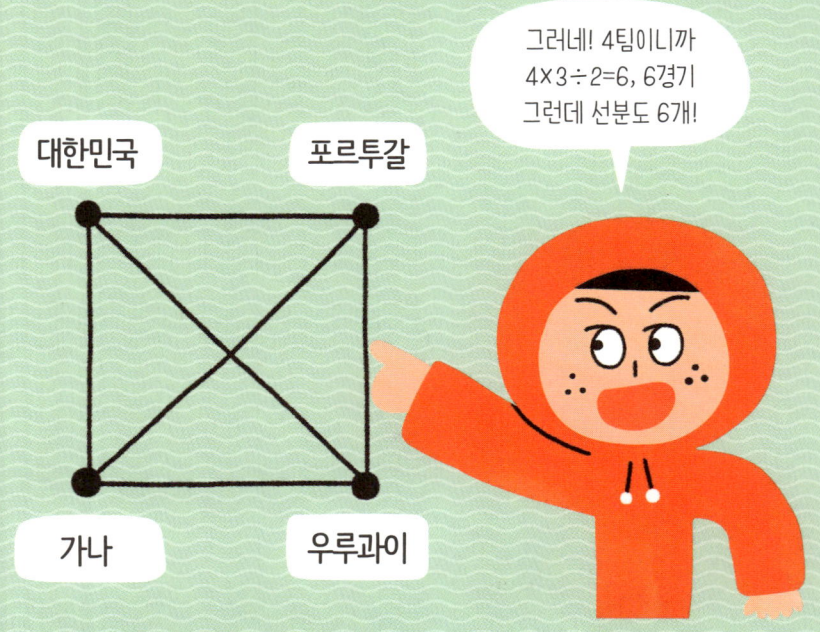

이제 그럼 월드컵 전체 게임 수를 알아볼까?
앞에서 봤듯이 월드컵 32강전 예선에서 각 조마다 6경기를 해.
그런데 모두 8개 조니까,
32강 예선 리그에서 펼쳐지는 경기 수는 모두 6×8=48이야.

16강전부터는 토너먼트 방식이야. 지면 바로 탈락이지.
그런데 여기서도 빼먹으면 안 되는 한 가지!

나누기 2
토너먼트 방식의 게임 수를 구할 때도 나누기 2

를 기억해야 해!

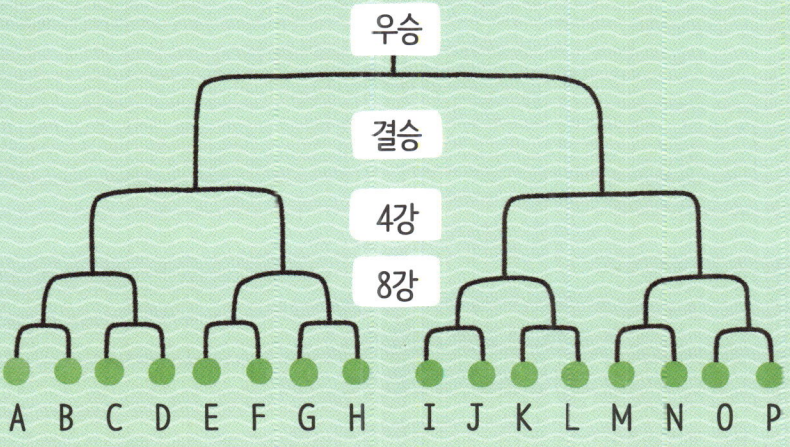

A팀-B팀의 경기나 B팀-A팀 경기는 같으니까, 팀 수 ÷ 2를 해야 하는 거야.

따라서 월드컵 경기에서
단계마다 아래와 같은 수의 경기를 하게 돼.

단계	게임 수	계산
32강전	48경기	8개조 × 6경기 (4팀 × 3경기 ÷ 2)
16강전	8경기	16개 팀 ÷ 2
8강전	4경기	8개 팀 ÷ 2
4강전	2경기	4개 팀 ÷ 2
결승전	1경기	2개 팀 ÷ 2

이렇게 계산해서 월드컵 한 대회에서
총 63경기가 열린다라고 생각하면, 오산이야!
왜냐하면 월드컵에서는 3, 4위전도 치러지거든.

9 야구가 수학이라고?

우리 형은 정말 걱정스러워.
날마다 방에만 틀어박혀 있거든.

그러던 어느 날, 집에 형과 둘이 있었을 때
난 형의 비밀을 알고야 말았어.
형이 글쎄 공부가 아닌 컴퓨터 게임을 하는 거야!
"형, 뭐 해?"
내 말에 놀란 형이 애써 태연한 척 내게 손짓을 하네.
"같이 할래?"

"뭔 고민? 미국 프로 야구 리그가 세계 최고니까
당연히 커쇼를 데려와야지!"
나는 자신 있게 말했어.
"그건 작년 얘기지. 커쇼가 올해는 잘 못 던져서
승률이 낮고, 방어율은 엄청 높다고!
야구는 데이터를 잘 따져 봐야 해!"

"**야구가 수학**이라니, 공부 안 하고 게임만 했다고
내가 엄마한테 이를까 봐 형이 지어낸 말이겠죠?"
나는 확신에 찬 눈으로 파이쌤을 올려다보며 물었어.
그런데 쌤 답이 형의 말보다 더 나를 황당하게 하네.
"형 말이 틀린 거 같지 않은데!"

야구는 데이터를 잘 따져 볼 수 있는 수학적 능력이 필요한 스포츠 경기거든.

설마요……?

모으면 힘이 되는 데이터

파이쌤이 알려 주마

데이터(data)는 우리말로 자료라고 해.
그런데 **야구에서 데이터**는 뭘까?

내가 경기에 나간 횟수와 안타나 홈런을 때린 횟수 등이 모두 데이터야. 도루 횟수 역시 데이터가 되지.

나 역시 마찬가지! 경기에 나선 횟수, 경기에서 던진 공의 수, 안타나 볼넷을 내준 횟수 등등이 모두 데이터야.

데이터는 그 자체로 의미가 있어.
투수마다 승리한 횟수를 기록하면 데이터가 되고
어떤 투수가 가장 많이 승리했는지 금세 알 수 있으니까.

그런데 데이터는 여러 데이터를
비교하고 계산하는 등의 방법으로
*통계 처리, 분석 등 가공하는 과정을 거치면
보다 의미 있고 쓸모 있는 정보가 될 수 있어.
투수마다 진 횟수까지 기록했다고 생각해 봐.
그러면 그 투수의 승률을 알 수 있어!

투수
김창탐

$$(\text{투수의 승률}) = \frac{(\text{투수의 승수})}{(\text{투수의 승수}) + (\text{투수의 패수})}$$

경기에 나와
승리한 횟수(승수)와
패배한 횟수(패수)로,
투수의 승률을 구해.
투수의 승률이란
그 투수가 나왔을 때
승리할 확률이지.

22번 경기에 나와서 11번 승리한 선수라도,
11번 패배했으면, 승률은 반, 즉 50퍼센트야.
이에 비해 15번 경기에 나와
9번 승리하고 6번 졌으면 승률은 60퍼센트가 돼.
승수만 따질 때보다 승수와 패수를 함께 따지면
어떤 투수를 내보낼 때 승리할 확률이 더 높은지 알 수 있는 거야.

여기에 투수가 한 경기에 등판해서 잃는 평균 점수
즉 방어율까지 알면
어떤 투수가 등판해 몇 점을 잃을지까지 예상할 수 있어!

그래서 감독들은 가능한 한
많은 데이터를 도으고,
그 데이터를 활용해 선수에 대한
더 많은 정보를 얻으려고 하지.

그 정보를 잘 살펴보고,
상황에 따라 적합한 선수를
내보내면, 이길 확률이
그만큼 커지니까!

야구만 그런 게 아니야.
병원에서는 환자의 데이터를 모아서
진료와 치료, 예방을 위해 쓸모 있는 정보를 만들어.
인터넷 쇼핑몰에서는 고객들이 검색한 데이터를 모아
광고하면 살 만한 상품을 화면에 보여 줘 판매율을 높이지.
이렇듯 **많은 분야에서 데이터를 모아
수학적으로 활용**하고 있어.

10
도대체 삼세판이 뭐야?

우주는 진짜 우기기 대장이야.
뭘 해서 질 때마다 이런다니까.

가위바위보는 삼세판이지! 한 판 더!

팔씨름은 삼세판이지! 한 판 더!

닭싸움은 삼세판이지! 한 판 더!

"도대체 삼세판이 뭐야?"
내 말에 우주가 비웃듯 말했어.
"삼세판을 몰라?
우리 아빠가 한국 사람은 삼세판이라고 했는데!"
우주는 더욱 기세가 올라 말을 이었어.
"세 판을 해서 승부를 내야 한다는 거지!
세 판을 해서 두 판을 먼저 이기는 사람이
진짜 이기는 거라고."

체육 시간이 됐어.
오늘은 배드민턴에 대해 배웠는데,
선생님이 이렇게 말씀하시는 거야.
"배드민턴은 3번 경기해서 2번을 먼저 이기는 사람이
승리해요."
우주가 손을 번쩍 들었어.
"배드민턴도 삼세판이네요!"
"맞아, 삼세판! 그래야 공평한 승부를 낼 수 있거든!"

방과 후에 나는 씩씩거리며 파이쌤께 달려갔어.

"쌤, 진짜 **삼세판을 해야 공평한 승부**가 나요?"

내 말을 들은 쌤은 껄껄 웃으셨어.

"그걸 수학적으로도 *증명하면, 더 화가 나겠구나!"

"네?"

와, 이런 것도 수학으로 증명한다니!

한 번의 경기로 승부를 가리면
실수나 행운 등이 작용할 수 있어.
실수를 계속한다면 실력이 없는 거고.
행운은 한두 번이야 따를 수 있어도 계속 이어질 수는 없잖아?

그래서 배드민턴 같은 스포츠는 여러 번 경기를 해서
승부를 내. 경기는 보통 3, 5, 7…… 홀수로 하지.

홀수로 경기를 해야 하는 건 수학적으로도 증명할 수 있어!
두 번 경기하면 아래와 같이 4가지 경우만 나타나.

2번 경기를 하는 경우							
1경기	2경기	1경기	2경기	1경기	2경기	1경기	2경기
홍팀 승	승	홍팀 승	패	홍팀 패	패	홍팀 패	승
청팀 패	패	청팀 패	승	청팀 승	승	청팀 승	패
승승		승승		승승		승승	

홍팀이 이길 확률은 p,
청팀이 이길 확률은 q라고 해 보자.

$$승승 = p \times p = p^2 \qquad 승승 = q \times q = q^2$$

$$승승 = p \times q \qquad 승승 = q \times p$$

1경기 결과가 나오고 나서 2경기 결과가 나올 확률은 1경기에 나올 확률과 2경기에 나올 확률을 곱해서 구해. 그래서 p와 p, p와 q, q와 q를 곱하는 거야.

이 확률을 모두 더하면 1이 되어야 해.

3번 경기를 할 땐 무승부 상황이 생기지 않아.

2번 경기를 했을 때는 무승부가 나올 수 있지만,
3번 경기를 했을 때는 무승부는 없는 거지.
5번, 7번, 9번도 마찬가지야!

교과 연계가 궁금해요

목차	파이쌤이 알려 주마!	교과 연계
1. 돌리고 뒤집고	도형의 회전과 이동	5학년 2학기 합동과 대칭 4학년 1학기 평면도형의 이동
2. 왜 맨날 나만 걸려?	일대일대응	5학년 1학기 규칙과 대응
3. 이 세상은 어쩌면 네모?	사각형과 넓이	3학년 1학기 평면도형 5학년 1학기 다각형의 둘레와 넓이
4. 내가 집을 지었어요!	도형의 넓이	3학년 1학기 평면도형 5학년 1학기 다각형의 둘레와 넓이
5. 다트 실력을 보여 주지!	원의 넓이	3학년 2학기 원 6학년 2학기 원의 넓이
6. 인라인을 타다가	타원	2학년 여러 가지 도형
7. 내가 더 빨라!	속력과 속도	6학년 1학기 비와 비율
8. 눈 빨간 오징어	토너먼트 경기	5학년 1학기 규칙과 대응
9. 야구가 수학이라고?	데이터 활용	2학년 2학기 표와 그래프 3학년 2학기 자료의 정리 5학년 2학기 평균과 가능성
10. 도대체 삼세판이 뭐야?	공정한 승부	6학년 1학기 비와 비율 5학년 2학기 평균과 가능성

파이쌤이 알려 주마 — 용어가 궁금해요

소련 (10쪽)

1917년 러시아에서 사회주의 혁명이 일어나 주변의 나라로 전파됐어. 결국 1922년 러시아를 중심으로 우크라이나, 카자흐스탄 등의 나라가 합쳐져, 세계 최초의 공산주의 국가를 세웠지. 이 국가가 바로 '소련'(소비에트 사회주의 공화국 연방)이야. 소련은 1991년 붕괴했고, 연방을 구성하던 러시아, 우크라이나, 카자흐스탄 등의 나라들은 각각의 독립 국가가 되었어.

동계 올림픽 (57쪽)

1896년부터 열린 올림픽 종목에는 피겨 스케이팅과 아이스하키와 같은 동계 스포츠도 포함되어 있었어. 그러다 1924년부터 올림픽을 하계와 동계로 나누어 열기 시작했어. 1924년 최초의 동계 올림픽이 열린 거야. 동계 올림픽은 1992년까지 하계 올림픽 대회와 같은 해에 열리다가, 1994년부터는 하계 올림픽과 2년 간격을 두고 개최하고 있어.

토너먼트 (7쪽)

토너먼트는 경기에 출전한 사람들을 1:1로 조를 짜서 겨루게 한 다음, 패자는 탈락하고 승자는 다른 승자와 대결하게 하는 경기 방식이야. 승자끼리 맞붙어 계속 패자를 탈락시키기 때문에 최종적으로는 2명의 출전자가 1:1로 대결하게 되지. 이러한 토너먼트라는 말은 중세 기사들이 말을 탄 채 긴 창을 쥐고 1:1로 겨루는 시합에서 유래되었다고 해.